RAPPORT

DE LA COMMISSION SPÉCIALE

NOMMÉE PAR LE CONSEIL GÉNÉRAL

POUR ÉTUDIER LES PROPOSITIONS DE M. LE GOUVERNEUR

(AU SUJET D'UN EMPRUNT

DE DIX MILLIONS

A CONTRACTER

PAR LA COLONIE DE LA NOUVELLE-CALÉDONIE

POUR L'ÉXÉCUTION

DES TRAVAUX PUBLICS

NOUMÉA

IMPRIMERIE NOUMÉENNE

1892

RAPPORT

De la Commission spéciale nommée par le Conseil général pour étudier les propositions de M. le Gouverneur au sujet d'un emprunt de dix millions à contracter par la colonie de la Nouvelle-Calédonie pour l'exécution des travaux publics.

MESSIEURS LES CONSEILLERS GÉNÉRAUX,

Votre Commission spéciale chargée d'examiner le projet d'emprunt présenté à l'ouverture de la session, par Monsieur le Gouverneur, ainsi que le programme des grands travaux publics à exécuter rapidement et économiquement au moyen dudit emprunt, vient vous apporter le résultat de ses travaux.

Répondant à la première partie du discours de M. le Gouverneur, nous vous prions, Messieurs, de vous joindre à nous, pour remercier le Chef de la colonie de ses paroles d'estime et de sympathie adressées à l'assemblée locale.

Comme M. le Gouverneur, nous sommes convaincus que la conciliation, la concorde, l'estime réciproque peuvent seules amener des solutions favorables aux intérêts de tous. En ce qui concerne l'assemblée locale, nous sommes certains qu'elle est décidée à marcher la main dans la main, avec une administration qui n'aura en vue que l'intérêt, la prospérité, et le développement rapide et complet de la Nouvelle-Calédonie.

Nous ne doutons pas non plus des intentions de notre administration locale actuelle, et nous espérons que son concours bienveillant et éclairé, s'inspirant de l'intérêt seul du pays, amènera des solutions favorables aux questions économiques qui divisent depuis si longtemps la colonie et le département.

Nous ne doutons pas enfin que, devant l'effort suprême qui va être tenté, devant les sacrifices considérables que va faire la colonie, le département ne change de ligne de conduite à notre égard ; et que ce système qui a consisté jusqu'ici à nous diminuer constamment nos revenus, et à augmenter nos charges par des dépenses infructueuses pour nous, n'éprouve des modifications complètes et radicales.

En ce qui concerne le principe de l'emprunt,

nous adoptons la théorie de M. le Gouverneur.

Comme lui, nous sommes persuadés que le moyen d'exécuter des travaux économiquement consiste à les faire rapidement et sans arrêts.

Comme lui, nous sommes certains que l'intérêt général consiste à exécuter rapidement l'outillage du pays, car ce n'est qu'après son installation, que cet outillage rapportera des profits à la Colonie, et paiera l'intérêt du capital engagé pour sa construction.

Enfin, nous savons tous, que la Colonie possède des richesses immenses, que sa valeur est considérable, et qu'elle peut supporter sans être troublée dans sa constitution économique une annuité de 500.000 francs par an.

Nous ferons cependant observer à M. le Gouverneur que les calculs dont il s'est servi sont établis sur le plus gros budget des travaux que la Colonie ait jamais eu à supporter.

L'établissement du budget de 1892, a été fait en vue de diminuer dans de fortes proportions la caisse de réserve, dont la puissance excessive était cause de la diminution des subventions et de l'aggravation des charges que nous imposait chaque année le Département.

A ce point de vue, il y a peut être danger à tabler comme l'a fait M. le Gouverneur.

Malgré cela, nous sommes de l'avis du Chef de la Colonie, mais pour d'autres raisons.

Les considérations qui nous guident sont :

1° Disparition d'une somme de 81.399 34. Chapitre I. — Article 2 du budget des dépenses ;

2° Application probable d'un impôt raisonné sur les mines ;

3° Certitude à peu près complète que, devant les sacrifices de la colonie, le Département nous accordera enfin le Domaine local ;

4° Diminution probable des dépenses improductives ;

Si l'examen du budget local suffit pour nous démontrer la puissance vitale de la colonie, si le moindre doute ne peut exister sur la valeur intrinsèque du pays, il n'en est pas de même de la *certitude* de la mise en valeur de nos richesses.

Nous venons de traverser une période de travail, d'activité et de prospérité relative, ceci ne fait de doute pour personne.

Sommes-nous certains que cette prospérité, cette marche en avant, continueront, avons-nous suffisamment d'éléments sur qui nous puissions absolument compter pour la continuation de notre prospérité ? là est la grosse question.

La richesse actuelle de la colonie ne consiste pas dans la réussite de l'élevage, les éleveurs sont ruinés par les sauterelles et le prix infime au quel ils sont obligés de liver la viande.

La petite agriculture est ruinée également par le fléau précité.

La grande culture s'affirme il est vrai de plus en plus, mais les immenses sacrifices qu'il a fallu faire pour la créer, les intérêts des capitaux qu'il a fallu engager, tout cela est à peine payé, et si dans l'avenir elle constituera la plus grosse richesse de la colonie, son temps n'est pas encore arrivé.

La prospérité financière actuelle que nos recettes budgétaires démontrent, est dùe en grande partie au développement du travail des mines.

Or la mise en valeur des richesses minières

Calédoniennes dans les circonstances présentes est soumise à la volonté d'une seule société ou mieux encore d'une seule maison de banque.

La Société dont il est question est ici le seul acheteur de minerai, elle impose d'une façon absolue ses prix et ses conditions, et tous les contractants sont obligés de se plier à ses exigences.

Les contrats qu'elle a faits, sont de courte durée, et à un moment donné elle peut créer en Nouvelle-Calédonie la situation qu'il lui plaira.

Nous n'ignorons pas que les intérêts bien entendus de cette puissante société sont de continuer à donner du travail à tous ses contractants; mais il n'en est pas moins vrai qu'elle a en mains une arme dont l'emploi pourrait amener une crise énorme sur le pays tout entier.

Nous n'ignorons pas davantage que les intentions de l'administration actuelle de cette société en Nouvelle-Calédonie ne justifient en rien les craintes que nous manifestons; mais les idées peuvent changer, les administrations peuvent se modifier, et peut être verrons-nous un jour, si nous n'y prenons garde, nos revenus compromis par cette même société qui nous les fournit en grande partie aujourd'hui, par le travail qu'elle procure au pays.

Il importe essentiellement à la colonie de faire tous ses efforts pour amener ici d'autres industries que celle de cette puissante société, dût-elle pour cela faire de gros sacrifices.

La création d'un outillage complet de notre port, de nos voies de communication, la plus grande facilité apportée dans nos relations commerciales, sont certainement le meilleur encouragement à donner à de nouvelles industries, mais à côté de cela, la création de primes en argent comme cela se pratique chez nos voisins serait croyons-nous un encouragement des plus sérieux et qui pourrait décider des industriels à venir s''installer parmi nous.

Malgré les dangers que nous venons de vous signaler, malgré ce point noir que vous avez déjà certainement envisagé comme nous, nous restons pénétrés de la force et de la vitalité de la Colonie, nous croyons qu'en attirant ici les industries que le pays comporte, en facilitant par tous les moyens possibles la création d'une société d'exploitation du charbon calédonien, d'une société métallurgique qui utilisera les millions de tonnes de fer que le pays possède, qui pourra sur place faire directement les alliages de fer et nickel réclamés par la grande industrie ; nous croyons disons-nous que la Calédonie assurera sa vitalité en même temps qu'elle garantira son avenir.

Aussi, Messieurs, confiants dans nos véritables richesses, confiants dans notre Administration locale actuelle, confiants dans les destinées de notre pays d'adoption, nous n'hésitons pas à vous proposer pour répondre à l'appel de notre Gouverneur que :

Vous admettez le principe de l'emprunt, persuadés que vous êtes, que l'outillage une fois créé, les revenus qu'il fournira à la Colonie seront plus que suffisants pour payer l'annuité que cet emprunt aura engagée.

Nous vous proposons également de décider en principe qu'une certaine partie des fonds de l'emprunt sera employée à faciliter l'immigration européenne, et à distribuer des primes en argent aux industries nouvelles qui, au moyen de la main-d'œuvre libre, viendront s'installer en Nouvelle-Calédonie.

En admettant le principe de l'emprunt, vous indiquez clairement que vous voulez, dans le plus bref délai possible, doter le pays d'un outillage complet qui permette la mise en valeur de ses nombreuses richesses.

Pour installer cet outillage, pour créer ces nombreux ouvrages, l'argent ne suffit pas ; il faut des bras.

Avons-nous ces bras ? Avons-nous cette main-d'œuvre ? Nous savons que nous ne disposons de rien de semblable !

Il est donc indispensable avant de donner une sanction définitive, avant d'adopter les conditions de l'emprunt, qui nous seront soumises à notre prochaine session budgétaire, que l'Administration coloniale vienne nous apporter, en même temps que le projet et les conditions de l'emprunt, les moyens dont elle disposera pour assurer à la Colonie la main-d'œuvre dont elle aura besoin pour exécuter les travaux projetés.

Comme le dit fort justement le Chef de la Colonie dans son discours d'ouverture de cette session, le moment des résolutions viriles est arrivé.

La Colonie veut-elle continuer à recevoir les criminels de la Métropole ou veut-elle vivre enfin d'une vie libre par la colonisation libre.

Là est le plus gros côté de la question qui nous est soumise. Là se trouve engagée la plus grosse partie à jouer.

Les avis ne sont pas partagés dans la commission, ils ne le seront pas d'avantage dans le sein du Conseil et nnus ne doutons pas, Messieurs, que, d'accord avec votre Commission, vous ne demandiez à l'unanimité l'existence libre, la vie libre au moyen de la colonisation libre.

Tout le monde sait que le bagne ne rapporte plus aucun profit à la Nouvelle-Calédonie, tout le monde sait que tout ce qu'il y a de forces vives dans les pénitenciers doit être dirigé sur les mines pour l'exécution des contrats de main-d'œuvre pénale.

Tout le monde sait également qu'à la suite des instructions ministérielles récentes, les services publics verront leurs effectifs diminuer, les colons resteront sans main-d'œuvre.

Tous ceux qui voudront venir en Calédonie pour exploiter ses richesses minérales seront au point de vue de la main-d'œuvre dans des conditions d'infériorité notoire envers les sociétés privilégiées de l'Etat.

Voilà la vérité nette, précise, contre laquelle malheureusement personne ne peut s'élever.

Nous allons plus loin, et nous disons que le bagne a été la cause directe de tous les déboires de la colonie.

Le bagne a tout pris au pays, il ne lui a rien donné en compensation.

L'installation du bagne en Nouvelle-Calédonie a éloigné de ce pays les Australiens et leurs capitaux. Il a pris tout ce qu'il y avait de bon comme terres à culture et comme terrains propres à l'industrie.

Partout où se trouvent des terrains propres à la construction d'usines, où se trouvent des fonds permettant les accostages faciles, vous y trouverez l'Administration pénitentiaire.

Partout où le terrain est propre à la culture, vous y trouverez des colons d'origine pénale.

L'histoire de l'Administration pénitentiaire

en Calédonie, est là pour prouver la vérité de no assertions.

Depuis son installation dans le pays, elle a utilisé ses forces et ses fonds à construire des monuments pour son usage personnel.

Elle a consommé en matériaux de toutes sortes de quoi construire une ville comme Sydney, elle a travaillé pour son usage au lieu de travailler pour la colonisation.

Si tout l'argent dépensé en essais utopiques de colonisation pénale, en constructions de toutes sortes, si toute la main-d'œuvre employée a ces constructions avaient été employée à des travaux de colonisation et conformément à loi de 1854, la transportation aurait été réellement utile et elle serait restée ce qu'elle aurait dû être d'après cette loi.

Un de nos Sous-Secrétaire d'Etat avait à son entrée aux affaires reconnu l'exactitude de ces faits.

Il avait compris combien était grand le gaspillage pénitentiaire et aussi combien il était possible, en opérant convenablement, de faire servir la main-d'œuvre pénale au développement de la colonisation libre.

C'est ainsi qu'il avait approuvé les idées du Conseil général en ce qui concerne les travaux publics, c'est ainsi qu'il avait décidé de donner les travaux publics à l'entreprise en assurant le concours de la main-d'œuvre pénale gratuite.

Nous avons cru alors que la transportation allait travailler au développement de la colonie et préparer, comme c'était son rôle, la future colonisation.

Mais hélas, malgré toutes ces promesses, la colonisation libre aura supporté pendant trente ans, la souillure de l'élément pénal, elle aura vu les meilleurs terrains lui échapper, elle aura vu ses colons disparaître, elle aura constaté la répulsion qu'éprouvent les gens honnêtes à venir s'installer ici à cause de la promiscuité des forçats, elle aura vu sa réputation compromise, sa considération s'éteindre, tout cela pour le bénéfice de quelques kilomètres de route exécutés par l'Administration pénitentiaire.

Devant ces vérités absolues, devant les désavantages certains, dans les conditions actuelles du maintien de la transportation en Nouvelle-Calédonie, vous n'hésiterez pas à vous joindre à votre commission pour émettre le vœu.

Que la transportation cesse le plus tôt possible en Nouvelle-Calédonie et que le gouvernement local et la métropole fassent tous leurs efforts pour diriger sur la colonie un courant sérieux d'immigration libre.

Nous ne nous faisons pas illusion sur les conséquences d'une pareille mesure, mais nous pensons que la crise qui pourra en résulter ne sera ni trop grave ni de trop longue durée.

Nous pensons en effet, que le retrait de la transportation ne sera pas immédiat, que sa disparition se fera progressivement et que l'immigration libre viendra au fur et à mesure compenser les bras qui manqueront par suite du non envoi de condamnés ou de relégués.

Nous sommes convaincus que les grands travaux que la colonie pourra entreprendre, amèneront ici de la main-d'œuvre, dès que les ouvriers sauront qu'ils ne seront pas en contact avec les forçats.

Il ne faut pas se dissimuler que jusqu'ici, l'idée pour les ouvriers français et étrangers de se trouver côte à côte au travail avec le condamné a été cause qu'il n'est venu aucun immigrant ouvrier.

Il appartiendra à la colonie d'agir vigoureusement pour faciliter l'immigration européenne, elle a voté l'année dernière une somme de cinquante mille francs pour frais de passage des immigrants, elle pourra faire beaucoup plus, et, pour peu que le Département veuille bien prêter son concours auprès des Cᶦᵉˢ de transports, il sera facile croyons-nous, le travail étant assuré, d'amener des travailleurs libres.

Que la colonie décide que les travaux se feront à l'entreprise sans le concours de la main-d'œuvre pénale, les entrepreneurs européens ou autres qui viendront ici se procureront de la main-d'œuvre libre.

Nous ne prévoyons pas de bien grosses difficultés à l'immigration d'ouvriers ; si la colonie paie la plus grosse partie du passage de venue dans le pays, les entrepreneurs ponrront avancer ce qui manquera; il ne peut faire de doute, que sûrs de travailler avec d'honnêtes gens, beaucoup d'ouvriers qui gagnent péniblement 4 francs par jour en Europe ne viennent gagner ici 6 à 7 francs et même d'avantage s'ils travaillent aux pièces.

Si l'immigration tardait à venir combler les vides, nous pourrions compter sur l'équité de l'Administration qui a solennellement promis au Conseil général qu'elle prêterait à tous ceux qui voudraient introduire des travailleurs, l'appui matériel et moral qu'elle a prêté à ceux qui en ont introduits jusqu ici.

Dans un pays comme le nôtre, l'immigration européenne et l'immigratisn tropicale se complètent au lieu de s'exclure,et en ce moment où nos voisins du Queensland qui avaient supprimé l'immigration néo-hébridaise font tous leurs efforts pour la rétablir ; nous demandons à l'administration locale de nous aider de tout son pouvoir pour obtenir du Département la suppression des entraves apportées au recrutement des travailleurs néo-hébridais.

Le programme présenté par Monsieur le Gouverneur comprend les travaux suivants :

Chemin de fer.

Bassin de radoub.

Cable reliant la colonie à l'Australie.

Achèvement du quai en ligne droite — wharff.

Disparition du banc « Infernal. »

Ouverture de la passe Constantine.

Phare de la Havanah.

Routes d'accès à la mer pour les centres de l'intérieur.

Achèvement de la route de Bouloupari à Moindou.

Route de Moindou à Bourail.

Etablissement sanitaire des Bélep.

Ce programme ne comportant encore rien de précis ni de définitif, nous nous contenterons d'un examen rapide de chaque travail, et nous ne ferons qu'indiquer en quelques mots le sentiment des membres de la Commission.

Chemin de fer.

Votre commission est d'avis qu'il y a lieu de procéder au plutôt à l'exécution du tronçon de Nouméa à la Dumbéa et même jusqu'à Païta ; étant bien entendu que les études devront se poursuivre plus loin et iront jusqu'à Bourail.

Il ne paraît pas douteux, que le chemin de

fer ne développe rapidement toute la partie de la colonie qu'il traversera.

Les régions où l'on commencera les travaux sont riches en terrains cultivables, en mines de charbon et de nickel, et il importe de faciliter l'exploitation de ces importantes richesses. A la session budgétaire d'août, l'assemblée aura en mains les plans et devis et pourra se prononcer sur la somme qu'elle désire affecter à cette construction.

Bassin de radoub

Comme le dit fort justement le Chef de la colonie, l'outillage de notre port comporte l'exécution d'une forme de radoub ; votre Commission est d'accord avec lui sur la nécessité du travail, les avis diffèrent en ce qui concerne l'exécution du dit travail.

M. le Gouverneur pense que la colonie doit exécuter le bassin avec le concours de l'Etat ; la Commission pense au contraire que c'est l'Etat qui doit faire exécuter le travail avec le concours de la colonie.

Votre Commission estime qu'il serait possible à la colonie de subventionner le bassin de radoub pour une somme allant même jusqu'à deux millions de francs.

Si vous admettez cette manière de voir, elle vous propose de demander que le bassin soit donné en concession à une société pour un nombre d'années et un prix à fixer.

L'étude de la question sera faite par l'Administration, qui nous donnera les résultats de ses travaux à notre prochaine session.

Cable

La nécessité d'avoir des communications rapides avec l'Europe, se fait de jour en jour plus vivement sentir.

Le service postal tel qu'il est établi par les bateaux des Messageries maritimes, nous laisse sans communication avec l'Europe depuis le jour du départ du *Tanaïs*, jusqu'au jour du déprat du grand courrier, c'est-à-dire pendant 24 ou 26 jours sur trente.

Notre industrie, notre commerce, ne peuvent évidemment se contenter de cela et il est urgent d'accorder une légitime satisfaction à de si gros intérêts.

Aussi acceptons-nous et vous proposons-nous d'accepter le projet de notre Gouverneur.

La question, du reste a fait un grand pas, des renseignements qui nous ont été donnés par le Chef de la colonie, il résulte que l'Etat Français a traité, ou est sur le point de traiter avec la société qui doit installer le câble, et que d'ici un an les communications seront établies.

Quelle sera le contribution demandée à la co lonie, il est impossible de le prévoir actuellement.

D'ores et déjà, si contribution il y a, nous proposons au Conseil d'insister auprès de l'Administration, pour que le prix des dépêches ne soit ni prohibitif ni excessif.

Achèvement du quai en ligne droite

Depuis cinq ans, une des grosses préocupations du Conseil général a été la construction et l'achèvement rapide du quai, ce travail a été de tout temps considéré comme indispensable au développement de la colonisation.

Votre Commission pense que vous n'avez pas changé d'avis, et qu'il y a lieu de procéder rapidement à la terminaisou de ce travail.

Vous approuverez sans nul doute le projet qui vous est présenté à ce sujet.

En ce qui concerne les terrains gagnés sur la mer, votre Commission a crû être l'interprète fidèle du Conseil, en exprimant au Gouverneur; l'avis que s'il veut bien nous accorder son précieux concours en la circonstance, la solution avantageuse pour la colonie ne fait pas de doute.

Il nous a été donné en des circonstances analogues de constater, que toutes les fois que le gouverneur a marché avec nous, la solution a été favorable au pays.

Le concours du Chef de la colonie nous étant acquis, nous avons tout lieu de croire à une bonne solution.

Wharff

Nous inspirant d'un vote de l'assemblée locale lors de la dernière session budgétaire, nous croyons que la construction du wharff peut être retardée jusqu'à la terminaison du quai.

Les conditions de travail peuvent du reste se modifier, l'établissement du chemin de fer, la possibilité d'agrandir le port de Nouméa à un moment donné, la nécessité des chargements rapides pour les produits d'exportation, tels que charbon et minerai peuvent faire donner au warff un autre emplacement que celui qui a été indiqué jusqu'ici.

Pour ces diverses raisons, nous vous demandons de décider l'ajournement de la présentation de ce projet.

Banc infernal

Nous avons pensé que ce projet pouvait aussi être ajourné, son utilité ne revêt pas un caractère d'urgence absolue.

Tout en reconnaissant que l'exécution de ce travail faciliterait beaucoup les manœuvres en rade, nous pensons qu'il y a lieu d'en remettre l'étude à plus tard.

Drague

Le Conseil s'est prononcé sur le genre d'outil qui lui paraît le plus approprié aux besoins du pays, il a demandé que des démarches nouvelles soient faites, en vue d'avoir une drague pouvant fournir un travail qu'il a déterminé et dont le prix ne soit pas trop élevé.

Ouverture de la passe Constantine

L'ouverture de la passe Constantine ne nous à pas non plus paru posséder un caractère absolu d'urgence.

Il nous semble que l'exécution de ce travail pourra être renvoyée au moment où la drague aura nettoyé le port de Nouméa.

Phare de la Havanah

Depuis l'institution du Conseil général en Nouvelle-Calédonie il a été question de l'installation du phare de la Havanah.

Un projet fait par M. le lieutenant de vaisseau Ducros ancien commandant du *Loyalty* existe.

Ce projet est très simple et peu coûteux, son exécution permettra l'entrée de nuit du canal qui sépare la mer intérieure de la grande mer.

Les facilités d'entrer et de sortir la nuit amèneront sans doute des diminution de frêt, et rendront à la navigation les plus signalés service.

Moyens d'accès à la mer

Les voies de communications permettant l'accès à la mer des centres de l'intérieur, sont devenues d'une utilité incontestable.

Dans presque tous les centres, l'industrie est venue se greffer sur l'agriculture.

Le développement de la fortune de ces centres dépend uniquement des moyens de transport mis à la disposition de l'agriculture et de l'industrie, il importe donc de ne rien négliger pour arriver à créer ces voies de communication dont l'urgence s'impose.

Votre Commission vous propose d'insister auprès de l'Administration, pour que cette dernière, nous présente un projet bien complet et bien étudié de toutes les voies à créer pour desservir aussi bien les centres de la côte Est que ceux de la côte Ouest de l'île.

Cette question intéresse au plus haut point le développement de la colonisation, et si d'importants sacrifices sont jugés utiles, il n'y a pas à hésiter à les faire.

Achèvement de l'entreprise Armand. — Ponts et encaillassement.

La colonie s'est imposé jusqu'ici trop de sacrifices pour l'exécution de la route de Bouloupari à Moindou pour qu'elle puisse maintenant faire un pas en arrière.

Il est indispensable de rendre viable cette voie qui nous a coûté si cher, il y a d'autant moins à hésiter que cette route, sur une très grande partie de son développement, pourra servir de plate-forme au chemin de fer projeté de Nouméa à Bourail.

Route de Moindou à Bourail

La route de Moindou à Bourail constitue la terminaison des grandes voies de communication dont le programme est arrêté depuis si longtemps, son utilité n'est pas à démontrer, nous sommes tous d'accord en ce qui concerne ce travail.

Aussi nous contenterons-nous de prier le Conseil de demander que le projet soit étudié de façon que la voie à créer puisse servir d'infrastructure au chemin de fer entre Bourail et Moindou.

Etablissement sanitaire des Bélep

Tous ceux qui ont souci de la santé publique en Nouvelle-Calédonie, s'associeront au projet de M. le Gouverneur demandant la création d'un établissement permettant l'isolement absolu des personnes atteintes de maladies contagieuses.

La maladie se propage en ce moment chez les indigènes avec une rapidité telle, que coûte que coûte, il faut isoler les malades.

Les essais d'isolement partiel que l'on a tentés jusqu'ici, n'ont servis à rien, pas même à faire connaitre les malades.

Le moment d'agir est venu, il est impossible de retarder plus longtemps.

Résumé

En terminant son remarquable travail, Monsieur le Gouverneur donne un tableau où il indique qu'elle serait selon lui la répartition approximative à faire des fonds de l'emprunt.

Comme la Commission a modifié un peu le programme du chef de la colonie, la répartition ne serait plus le même et nous proposerions la mise à l'étude de la suivante :

Chemin de fer	2.000.000
Bassin de radoub	2.000.000
Cable	1.000.000
Quai........1120—725	395.000
A Peporter....	5.395.000

Report....	5.395.000
Voies d'accès à la mer............	1.200.000
Achèvement de la route de Boulouparis à Moindou	400.000
Route de Moindou à Bourail......	1.100.000
Phare de la Havannah............	50.000
Etablissement sanitairire.........	150.000
	8.295.000
Augmentation de crédit pour les voies d'accès à la mer, primes industrielles, immigration........	1.705.000
Total...	10.000.000

Nouméa, le 11 avril 1892.

Les membres de la commission,

PUECH, KOCH, MONCASSIN, PHILIPPON.

Le rapporteur,

CAULRY.

Dans sa séance du 13 *avril, le Conseil général de la Nonvelle-Calédonie a approuvé les conclusions du rapport ci-deesus, à l'unanimité moins une voix.*

NOUMÉA. — Imprimerie Nouméenne.

www.ingramcontent.com/pod-product-compliance
Lightning Source LLC
LaVergne TN
LVHW010304230826
846091LV00007BB/2708

* 9 7 8 2 0 1 3 3 7 2 4 2 8 *